Low Carb Brot-Backbuch

Rezepte für Brote Brötchen Semmeln Gewürze Aufstriche (fast) ohne Kohlenhydrate

Brotrezepte für Anfänger kohlenhydratarm weizenfrei Backen Diät Abnehmen

Astrid Kraus

*Bibliografische Information der Deutschen Nationalbibliothek:
Die Deutsche Nationalbibliothek verzeichnet diese Publikation in der
Deutschen Nationalbibliografie; detaillierte bibliografische Daten
sind im Internet über http://dnb.dnb.de abrufbar.*

1. Auflage 2016
Cover-Titelbild: ©[grafvision]/123rf.com
Copyright © 2016 Astrid Kraus
Alle Rechte vorbehalten

Herstellung und Verlag: BoD – Books on Demand, Norderstedt
ISBN 9783741290350

Inhaltsverzeichnis

Vorwort..1
Low Carb Brot Rezepte....................................2
Low Carb Aufstrich Rezepte........................27
Low Carb Brotgewürz Rezepte....................33

VORWORT

Nur eines ist noch viel schöner, als köstliche Brote und Brötchen zu genießen: sie selbst zu backen.

Es muss nicht immer Brot mit Weißmehl und Zucker sein. Wer sich gesünder und kohlenhydratarm ernähren möchte, für den ist dieses Low Carb Brot-Backbuch genau das Richtige.

Verleihen Sie Ihren Backwaren eine individuelle Note: Bereiten Sie Ihre Brotgewürze einfach selber zu und verwöhnen Sie sich mit dem passenden Brotaufstrich. Somit wird jedes Backwerk zu einem unwiderstehlichen Leckerbissen.

In diesem Kochbuch wurden die besten Low Carb Rezepte für Brote, Brötchen, raffinierte Brotgewürze und leckere Aufstriche zusammengestellt. Ergänzende Informationen liefern detaillierte Angaben zu Kohlenhydraten und Kalorien für jedes Rezept.

Hinweis:
Jede Art von Diät sollte vorher mit einem Arzt besprochen werden.

Low Carb Brot Rezepte:

Speck-Käse-Brot

Pro Scheibe ca.: 1,4 g Kohlenhydrate, 94 kcal

Zutaten für 1 Kastenform (ca. 20 cm Länge) ergibt ca. 15 Scheiben:
100 g Speck
5 Eier
350 g Frischkäse
80 g Flohsamenschalenpulver
1 TL Salz
2 TL Weinstein-Backpulver
1 TL Herzhaftes Brotgewürz (Rezept s.u. Brotgewürz)

Zubereitung:
Den Backofen auf 160 °C (Umluft: 140 °C, Gas: Stufe 2) vorheizen.

Den Speck in kleine Würfel schneiden.

Die Eier schaumig schlagen und mit dem Frischkäse und den Speckwürfeln verrühren.

Die restlichen Zutaten in einer extra Schüssel vermischen und unter die Eiermasse rühren.

Den Teig in eine gefettete Kastenform füllen und im vorgeheizten Backofen ca. 40 - 50 Minuten backen.

Bagels

Pro Stück ca.: 3,6 g Kohlenhydrate, 258 kcal

Zutaten für 4 Stück:
4 Eier
8 ml Apfelessig
135 g weißes Mandelmehl
30 g Goldleinsamenmehl
1 EL Kokosmehl
1 TL Backpulver
1 Prise Salz
Außerdem:
1 Eigelb
2 TL Schlagsahne zum Bestreichen
4 TL Sonnenblumenkerne zum Bestreuen

Zubereitung:
Den Backofen auf 180 °C (Umluft 160 °C, Gas Stufe 2 - 3) vorheizen.

Die Eier mit dem Apfelessig schaumig rühren.

Die restlichen Zutaten in einer extra Schüssel vermischen und mit der Eiermasse verrühren.

Den Teig nochmals durchkneten, in vier gleich große Stücke teilen und zu Kugeln formen. (falls der Teig zu flüssig ist, etwas mehr Kokosmehl dazugeben)

Mit dem Finger jeweils ein Loch durch die Mitte bohren und mit kreisförmigen Bewegungen etwas erweitern.

Eigelb und Schlagsahne verquirlen, die Bagels damit bestreichen und mit Sonnenblumenkernen bestreuen.

Auf ein mit Backpapier ausgelegtes Backblech legen und im vorgeheizten Backofen ca. 17 Minuten backen.

Würziges Leinsamenbrot

Pro Scheibe ca.: 1,3 g Kohlenhydrate, 110 kcal

Zutaten für 1 Kastenform (ca. 25 cm Länge) ergibt ca. 20 Scheiben:
5 Eier
400 ml Wasser
325 g Gold-Leinsamenmehl
70 g Flohsamenschalenpulver
4 TL Backpulver
1 TL Fenchel
1 TL Kümmel
1 TL Salz

Zubereitung:
Den Backofen auf 180 °C (Umluft 160 °C, Gas Stufe 2 - 3) vorheizen.

Die Eier schaumig verrühren.

Das Wasser und die restlichen Zutaten dazugeben und mit einer Küchenmaschine glatt verrühren.

Den Teig in eine gefettete Kastenform füllen, glatt streichen und im vorgeheizten Backofen ca. 50 Minuten backen.

Topinamburbrot

Pro Scheibe ca.: 2,3 g Kohlenhydrate, 94 kcal

Zutaten für 1 Kastenform (ca. 25 cm Länge) ergibt ca. 20 Scheiben:
300 g Topinambur
100 g Walnussmehl
100 g Mandelmehl
80 g gemahlene Pekannüsse
125 ml Wasser
25 g Flohsamenschalenpulver
1 TL Salz
40 ml Olivenöl
1 EL Limettensaft
1 EL Natron

Zubereitung:
Den Backofen auf 190 °C (Umluft 170 °C, Gas Stufe 3) vorheizen.

Topinambur waschen und bei mittlerer Hitze ca. 15 - 20 Minuten weich kochen, abkühlen lassen, schälen und stampfen. Walnussmehl, Mandelmehl, Pekannüsse, Wasser, Flohsamenschalenpulver, Salz und Olivenöl dazugeben und gut verrühren.

Limettensaft und Natron unterrühren und zu einem geschmeidigen Teig verarbeiten.

Den Teig in eine gefettete Kastenform füllen und im vorgeheizten Backofen ca. 50 Minuten backen.

Süßes Kokosbrot

Pro Scheibe ca.: 2,1 g Kohlenhydrate, 167 kcal

Zutaten für 1 Kastenform (ca. 20 cm Länge) ergibt ca. 15 Scheiben:
8 Eier
Mark einer Vanilleschote
300 g Kokosraspeln
5 g Weinstein-Backpulver
1 TL Süßes Brotgewürz (Rezept s.u. Brotgewürz)
1 TL Vanillexucker

Zubereitung:
Den Backofen auf 180 °C (Umluft 160 °C, Gas Stufe 2 - 3) vorheizen.

Die Eier und das Mark der Vanilleschote schaumig verrühren.

Die restlichen Zutaten dazugeben und gut vermischen.

Den Teig in eine gefettete Kastenform füllen und im vorgeheizten Backofen ca. 40 - 45 Minuten backen.

Helles Kastenbrot

Pro Scheibe ca.: 2,5 g Kohlenhydrate, 161 kcal

Zutaten für 1 Kastenform (ca. 25 cm Länge) ergibt ca. 20 Scheiben:
5 Eier
1 Prise Salz
280 g weißes Mandelmus (Rezept s.u. Aufstriche)
300 g Kokosmehl
75 ml Milch
2 TL Backpulver
1 TL Herzhaftes Brotgewürz (Rezept s.u. Brotgewürz)
1 Prise Salz

Zubereitung:
Den Backofen auf 170 °C (Umluft: 150 °C, Gas: Stufe 2) vorheizen.

Die Eier trennen, Eiweiße mit einer Prise Salz steif schlagen und die Eigelbe mit dem Mandelmus vermischen.

Kokosmehl, Milch, Backpulver, Brotgewürz und Salz unterrühren.

Den Eischnee vorsichtig unterheben.

Den Teig in eine gefettete Kastenform füllen und im vorgeheizten Backofen ca. 30 - 40 Minuten backen.

Nuss-Quark-Brötchen

Pro Stück ca.: 2,7 g Kohlenhydrate, 183 kcal

Zutaten für 10 Brötchen:
200 g Magerquark
8 EL Milch
8 EL Kokosöl
Mark einer Vanilleschote
5 g Weizenkleie
120 g Paranüsse, gehackt
35 g Mandelmehl
10 g Backpulver

Zubereitung:
Den Backofen auf 170 °C (Umluft: 150 °C, Gas: Stufe 2) vorheizen.

Magerquark, Milch, Kokosöl und das Mark der Vanilleschote verrühren.

Die restlichen Zutaten dazugeben und gründlich vermischen.

Aus dem Teig mit feuchten Händen ca. 10 Brötchen formen, auf ein mit Backpapier ausgelegtes Backblech legen und im vorgeheizten Backofen ca. 20 Minuten backen.

Buttermilch-Toastbrot

Pro Scheibe ca.: 3,6 g Kohlenhydrate, 125 kcal

Zutaten für 1 Kastenform (ca. 25 cm Länge) ergibt ca. 20 Scheiben:
240 g Mandelmehl
50 g Leinsamenschrot
40 g Pfeilwurzelmehl
½ TL Natron
2 Eier
220 g Cheddar
30 g Pecorino
250 ml Buttermilch

Zubereitung:
Den Backofen auf 175 °C (Umluft 155 °C, Gas Stufe 2) vorheizen.

Mandelmehl, Leinsamenschrot, Pfeilwurzelmehl und Natron miteinander vermischen.

In einer extra Schüssel die Eier schaumig verquirlen und mit den restlichen Zutaten verrühren.

Die Mehlmischung langsam unterrühren.

Den Teig in eine gefettete Kastenform füllen und im vorgeheizten Backofen ca. 55 Minuten backen.

Abkühlen lassen, in dünne Scheiben schneiden und toasten.

Kräuter-Brötchen

Pro Stück ca.: 4,1 g Kohlenhydrate, 137 kcal

Zutaten für ca. 9 Brötchen:
1 Bund Schnittlauch
1 Bund Dill
3 kleine Eier
2,5 EL Apfelessig
250 g Mandelmehl
5 EL Flohsamenschalenpulver
4 TL Backpulver
1 TL Salz
1 TL Kräuter-Brotgewürz (Rezept s.u. Brotgewürz)
150 ml kochendes Wasser

Zubereitung:
Den Backofen auf 190 °C (Umluft 170 °C, Gas Stufe 3) vorheizen.

Schnittlauch waschen, trocken schütteln und in feine Röllchen schneiden.

Dill waschen, trocken schütteln, abzupfen und fein schneiden.

Die Eier verquirlen und den Apfelessig unterrühren.

In einer extra Schüssel Mandelmehl, Flohsamenschalenpulver, Backpulver, Salz, Brotgewürz, Kräuter vermischen und die Eiermasse unterrühren. Das kochende Wasser langsam dazugießen und gut verrühren.

Aus dem Teig mit angefeuchteten Händen Brötchen formen, auf ein mit Backpapier ausgelegtes Backblech legen und im vorgeheizten Backofen ca. 20 - 25 Minuten backen.

Sesambrötchen mit Estragon

Pro Stück ca.: 3,3 g Kohlenhydrate, 259 kcal

Zutaten für ca. 9 Brötchen:
25 g Chia Samen
35 g Kokosmehl
100 g Sesamsamen
1/4 TL Backpulver
1 Prise Cheyennepfeffer
1 TL Salz
7 Eier
125 g Butter
130 g Karotten
5 g frischer Estragon

Zubereitung:
Den Backofen auf 175 °C (Umluft 155 °C, Gas Stufe 2) vorheizen.

Die Chia Samen mahlen und mit dem Kokosmehl, 40 g Sesamsamen, Backpulver, Cheyennepfeffer und Salz vermischen.

Die Eier schaumig verrühren und mit der geschmolzenen Butter unter die Mehlmischung rühren.

Die Karotten waschen, putzen, raspeln und unterrühren.

Estragon waschen, trocken schütteln, die Blättchen fein hacken und unterrühren.

Aus dem Teig mit feuchten Händen Brötchen formen, mit den restlichen Sesamsamen bestreuen, auf ein mit Backpapier ausgelegtes

Backblech legen und im vorgeheizten Backofen ca. 50 Minuten backen.

Vollkornbrot

Pro Scheibe ca.: 2,4 g Kohlenhydrate, 158 kcal

Zutaten für 1 Kastenform (ca. 25 cm Länge) ergibt ca. 20 Scheiben:
4 Eier
65 g Gouda, gerieben
100 g Walnüsse, gehackt
100 g Sesam
100 g Leinsamen
100 g Mandeln, gehackt
40 g Sonnenblumenkerne
1 TL Pikantes Brotgewürz mit Chili (Rezept s.u. Brotgewürz)

Zubereitung:
Den Backofen auf Umluft 170 °C vorheizen.

Die Eier schaumig verquirlen.

Gouda, Walnüsse, Sesam, Leinsamen, Mandeln, Sonnenblumenkerne und Brotgewürz vermischen und unter die Eiermasse rühren.

Den Teig in eine gefettete Kastenform füllen und im vorgeheizten Backofen ca. 55 Minuten backen.

Salzstangen

Pro Stück ca.: 3,4 g Kohlenhydrate, 237 kcal

Zutaten für ca. 7 Salzstangen:
200 g Mandeln
150 g Frischkäse
30 g Johannisbrotkernmehl
3 kleine Eier
2 g Kräutersalz
2 g Backpulver
Außerdem:
1 Eigelb
grobes Salz, zum Bestreuen
Kümmel, zum Bestreuen

Zubereitung:
Den Backofen auf 175 °C (Umluft 155 °C, Gas Stufe 2) vorheizen.

Die Mandeln blanchieren und fein mahlen. Mit den restlichen Zutaten gut verrühren und den Teig ein paar Minuten ruhen lassen.

Aus dem Teig mit angefeuchteten Händen sieben Stangen formen, mit verquirltem Eigelb bestreichen und mit grobem Salz und Kümmel bestreuen.

Auf ein mit Backpapier ausgelegtes Backblech legen und im vorgeheizten Backofen ca. 15 Minuten goldbraun backen.

Sesam-Knäckebrot

Pro Stück ca.: 1 g Kohlenhydrate, 65 kcal

Zutaten für ca. 10 Stück:
2 Eier
20 g Butter
20 g Leinsamen
25 g Sesamsamen
20 g Flohsamenschalenpulver
1 EL Sonnenblumenkerne
1 EL geraspelter Käse
1/2 TL Backpulver
1/2 TL Salz
1/2 TL Pizzabrotgewürz (Rezept s.u. Brotgewürz)
10 EL Wasser

Zubereitung:
Den Backofen auf 175 °C (Umluft 155 °C, Gas Stufe 2) vorheizen.

Die Eier schaumig schlagen und mit der geschmolzenen Butter verrühren.

Die restlichen Zutaten dazugeben, zu einem Teig verkneten und ca. 30 Minuten ruhen lassen.

Auf einem mit Backpapier ausgelegten Backblech dünn verteilen, in Stücke schneiden und im vorgeheizten Backofen ca. 20 Minuten auf jeder Seite backen.

Vanillebrot

Pro Scheibe ca.: 1,7 g Kohlenhydrate, 129 kcal

Zutaten für 1 Kastenform (ca. 20 cm Länge) ergibt ca. 15 Scheiben:
4 Eier
1 TL Vanillexucker
2 Vanilleschoten
85 ml Kokosmilch, ohne Zuckerzusatz
85 ml Kokosöl
50 g Leinsamen, geschrotet
1 TL Süßes Brotgewürz (Rezept s.u. Brotgewürz)
1,5 TL Backpulver
140 g Kokosmehl

Zubereitung:
Den Backofen auf 175 °C (Umluft 155 °C, Gas Stufe 2) vorheizen.

Eier mit Vanillexucker schaumig rühren.

Mark der Vanilleschoten, Kokosmilch und Kokosöl unterrühren.

Leinsamen, Brotgewürz und Backpulver dazugeben, verrühren und das Kokosmehl unterrühren.

Den Teig in eine gefettete Kastenform füllen und im vorgeheizten Backofen ca. 50 - 55 Minuten backen.

Kleine Baguettebrötchen

Pro Stück ca.: 3,4 g Kohlenhydrate, 243 kcal

Zutaten für ca. 8 Stück:
7 Eier
80 ml Kokosöl
100 g Kokosmehl
100 g weißes Mandelmehl
2 TL Backpulver
1 TL Herzhaftes Brotgewürz (Rezept s.u. Brotgewürz)
1 Prise Salz

Zubereitung:
Den Backofen auf 175 °C (Umluft 155 °C, Gas Stufe 2) vorheizen.

Eier und Kokosöl schaumig verrühren.

Die restlichen Zutaten in einer extra Schüssel vermischen und unter die Eiermasse rühren.

Den Teig in acht Stücke teilen und jeweils zu kleinen, länglichen Baguettebrötchen formen.

Jedes Brötchen mehrmals schräg mit einem scharfen Messer einschneiden.

Auf ein mit Backpapier ausgelegtes Backblech legen und im vorgeheizten Backofen ca. 10 - 15 Minuten backen.

Zucchinibrötchen mit Rosmarin

Pro Stück ca.: 3,5 g Kohlenhydrate, 105 kcal

Zutaten für ca. 11 Stück:
250 g Zucchini
125 g Karotten
125 g Mandelmehl
4 EL Leinsamen
1 EL Chia Samen
2 EL Flohsamenschalenpulver
3 Eier
2 TL getrockneter Rosmarin
1 TL Salz
1 TL Backpulver
10 g Butter, geschmolzen

Zubereitung:
Den Backofen auf 175 °C (Umluft 155 °C, Gas Stufe 2) vorheizen.

Zucchini und Karotten waschen, putzen, schälen und fein raspeln.

Das Gemüse in ein Geschirrtuch oder Ähnliches geben und auspressen.

Die Masse mit den restlichen Zutaten vermischen und mit angefeuchteten Händen zu Brötchen formen.

Auf ein mit Backpapier ausgelegtes Backblech legen und im vorgeheizten Backofen ca. 25 - 30 Minuten backen.

Sonnenblumenbrot

Pro Scheibe ca.: 2,5 g Kohlenhydrate, 110 kcal

Zutaten für 1 Kastenform (ca. 25 cm Länge) ergibt ca. 20 Scheiben:
7 Eier
1 Prise Salz
270 g Magerquark
90 g Leinsamen, geschrotet
90 g Mandeln, gemahlen
60 g Sonnenblumenkerne
1 TL Herzhaftes Brotgewürz (Rezept s.u. Brotgewürz)
Außerdem:
2 EL Sonnenblumenkerne zum Bestreuen

Zubereitung:
Den Backofen auf 175 °C (Umluft 155 °C, Gas Stufe 2) vorheizen.

Die Eier trennen und die Eiweiße mit einer Prise Salz steif schlagen.

Die Eigelbe mit den restlichen Zutaten gut verrühren und den Eischnee unterheben.

Kastenform einfetten, die restlichen Sonnenblumenkerne darin verteilen und den Teig in die Form füllen.

Im vorgeheizten Backofen ca. 65 Minuten backen.

Apfel-Zimt-Brötchen

Pro Stück ca.: 4,5 g Kohlenhydrate, 300 kcal

Zutaten für ca. 7 Stück:
1 Apfel
4 Eier
1 EL Apfelessig
1 EL Kokosöl, geschmolzen
240 g Mandeln, gemahlen
1/2 EL Zimt
40 g Goldleinsamenmehl
1 TL Vanillexucker
1/2 TL Backpulver

Zubereitung:
Backofen auf 150 °C (Umluft 130 °C, Gas Stufe 1) vorheizen.

Den Apfel waschen, schälen und fein raspeln. Eier, Apfelessig und Kokosöl gut verrühren.

In einer extra Schüssel Mandeln, Zimt, Goldleinsamenmehl, Vanillexucker und Backpulver verrühren. Geraspelten Apfel und die Eiermasse unterrühren.

Aus dem Teig mit angefeuchteten Händen Brötchen formen, auf ein mit Backpapier ausgelegtes Backblech legen und im vorgeheizten Backofen ca. 35 - 40 Minuten backen.

Tomaten-Zwiebel-Brot im Käsemantel

Pro Scheibe ca.: 3,4 g Kohlenhydrate, 159 kcal

Zutaten für 1 Brotlaib (ca. 20 Scheiben)
5 Eier
240 g Frischkäse
25 g Butter, geschmolzen
2 EL Apfelessig
100 g Leinsamen, geschrotet
100 g Walnüsse, gemahlen
30 g Kokosmehl
50 g Flohsamenschalenpulver
1 1/2 EL Backpulver
2 TL Pizzabrotgewürz (Rezept s.u. Brotgewürz)
100 g getrocknete Tomaten
50 g Röstzwiebeln
Außerdem:
100 g Gouda, gerieben

Zubereitung:
Den Backofen auf 175 °C (Umluft 155 °C, Gas Stufe 2) vorheizen.

Eier, Frischkäse, Butter und Apfelessig gut verrühren.

In einer extra Schüssel die restlichen Zutaten vermischen und die Eiermasse unterrühren.

Den Teig mit angefeuchteten Händen noch einmal durchkneten und auf einem mit Backpapier belegten Backblech zu einem Brotlaib formen.

Leicht mit Wasser benetzen, mit Käse bestreuen und im vorgeheizten Backofen ca. 55 - 60 Minuten backen.

Kürbisbrötchen

Pro Stück ca.: 5,9 g Kohlenhydrate, 138 kcal

Zutaten für ca. 10 Stück:
300 g Hokkaidokürbis
40 ml Kokosöl, geschmolzen
45 g Erdnussbutter, ohne Zuckerzusatz, geschmolzen
Mark 1 Vanilleschote
2 Eier
80 g Kokosmehl
1/2 EL Zimtpulver
1/2 TL Kardamom
1 Prise Salz
2 TL Backpulver
Außerdem:
Kürbiskerne zum Garnieren

Zubereitung:
Den Backofen auf 180 °C (Gas Stufe 2, Umluft 160 °C) vorheizen.

Den Kürbis entkernen, das Fruchtfleisch in kleine Stücke schneiden, in etwas Wasser weich garen und abtropfen lassen.

Das Fruchtfleisch mit dem Kokosöl pürieren.

Erdnussbutter, Mark der Vanilleschote und die schaumig gerührten Eier unterrühren.

Die restlichen Zutaten in einer extra Schüssel verrühren und unter die Kürbismasse rühren.

Aus dem Teig mit angefeuchteten Händen Brötchen formen und mit Kürbiskernen bestreuen

Im vorgeheizten Backofen ca. 20 - 30 Minuten backen.

Low Carb Aufstrich Rezepte:

Weißes Mandelmus

Pro 100 g ca.: 6,4 g Kohlenhydrate, 614 kcal

Zutaten für 1 Schraubglas (ca. 500 ml):
400 g Mandeln
Mark einer Vanilleschote
1 Prise Salz

Zubereitung:
Den Backofen auf 180 °C (Umluft 160 °C, Gas Stufe 2 - 3) vorheizen.

Die Mandeln in kochendem Wasser ca. 15 Minuten blanchieren, kalt abschrecken und häuten.

Die Mandeln ein paar Minuten trocknen lassen, auf ein Backblech geben und ca. 5 Minuten im vorgeheizten Backofen unter Wenden rösten.

Aus dem Ofen nehmen und vollständig abkühlen lassen.

In eine Küchenmaschine oder Hochleistungsmixer füllen und mixen, bis eine cremige Masse entstanden ist. (Je nach Mixleistung kann es einige Zeit dauern, bis das in den Mandeln enthaltene Öl austritt).

Mark der Vanilleschote und eine Prise Salz dazugeben und mixen bis die gewünschte Konsistenz entstanden ist.

In ein sauberes Schraubglas füllen und im Kühlschrank aufbewahren.

Erdbeer-Minz-Marmelade

Pro 100 g ca.: 5,4 g Kohlenhydrate, 32 kcal

Zutaten für 5 Gläser à 220 ml:
5 Stängel Minze
1 kg Erdbeeren
300 g Xucker
2 TL Agar-Agar
1/2 Limette

Zubereitung:
Die Minzblätter waschen und grob hacken.

Die Erdbeeren waschen, putzen, vierteln und mit dem Xucker vermischen.

Agar-Agar mit dem Saft der Limette verrühren und unter die Erdbeeren mischen. Unter Rühren aufkochen und ca. 10 Minuten köcheln lassen.

Die Minze dazugeben.

In sterile Gläser füllen, mit Schraubdeckeln verschließen, umdrehen und ein paar Minuten abkühlen lassen.

Gorgonzola-Creme mit Schinken

Pro Portion ca.: 4 g Kohlenhydrate, 270 kcal

Zutaten für 4 Portionen:
1/2 Bund Bärlauch
1 rote Zwiebel
125 g Gorgonzola
125 g Frischkäse
125 g Crème fraîche
35 ml Schlagsahne
1 Prise Cayennepfeffer
40 g gekochter Schinken

Zubereitung:
Bärlauch waschen, trocken tupfen und fein hacken (1 EL beiseitelegen).

Zwiebel schälen und fein hacken.

Gorgonzola mit einer Gabel fein zerdrücken und mit Frischkäse, Crème fraîche, Sahne und Cayennepfeffer verrühren.

Gehackter Bärlauch und Zwiebeln unterrühren.

Den gekochten Schinken in feine Würfel schneiden, unter die Creme rühren und mit dem restlichen Bärlauch bestreuen.

Avocado-Joghurt-Aufstrich mit Räucherlachs

Pro Portion ca.: 5,4 g Kohlenhydrate, 266 kcal

Zutaten für 4 Portionen:
1/2 Bund Schnittlauch
3 Eier, hart gekocht
1 Avocado
1 Spritzer Limettensaft
Salz, Pfeffer aus der Mühle
200 g Räucherlachs
160 g griechischer Joghurt

Zubereitung:
Schnittlauch waschen, trocken schütteln und klein hacken. (1 EL beiseitelegen).

Die Eier pellen und klein schneiden.

Avocado waschen, entkernen, schälen und das Fruchtfleisch fein würfeln. Mit einem Spritzer Limettensaft, Salz und Pfeffer vermischen.

Den Räucherlachs in kleine Stücke schneiden und mit den Eiern, Joghurt, Schnittlauch, Avocadowürfeln verrühren und dem restlichen Schnittlauch bestreuen.

Rote Bete-Aufstrich

Pro Portion ca.: 18,2 g Kohlenhydrate, 343 kcal

Zutaten für 4 Portionen:
1 Apfel
350 g Rote Bete
140 g Pinienkerne
25 ml Olivenöl
Salz

Zubereitung:
Apfel und die Rote Bete waschen, schälen, in kleine Stücke schneiden und in etwas Wasser ca. 35 Minuten weich kochen.

Pinienkerne und das Öl verrühren.

Apfel und die Rote Bete in ein Sieb abgießen, dazugeben, zu einer glatten Creme pürieren und mit Salz abschmecken.

Low Carb Brotgewürz Rezepte:

Herzhaftes Brotgewürz

Pro TL ca.: 0,7 g Kohlenhydrate, 8 kcal

Zutaten für ein 50 ml Gewürzglas:
1 EL Fenchel
1 EL Anis
1 EL Kümmel
1 TL Koriander
1/2 TL Schwarzkümmel

Zubereitung:
Alle Zutaten vermischen und entweder im Mörser zerstoßen oder in einer Getreide- oder Kaffeemühle fein mahlen.

Die Gewürzmischung in ein Gewürzglas oder Schraubglas füllen und dunkel lagern.

Pikantes Brotgewürz mit Chili

Pro TL ca.: 1,3 g Kohlenhydrate, 10 kcal

Zutaten für ein 50 ml Gewürzglas:
2 EL Paprika edelsüß
1/2 EL Pfeffer
1 EL Zwiebeln, getrocknet
1/2 EL Knoblauch, getrocknet
1 Prise Chilipulver
1 TL Kümmel
2 TL Petersilie, getrocknet

Zubereitung:
Alle Zutaten vermischen und entweder im Mörser zerstoßen oder in einer Getreide- oder Kaffeemühle fein mahlen.

Die Gewürzmischung in ein Gewürzglas oder Schraubglas füllen und dunkel lagern.

Kräuter-Brotgewürz

Pro TL ca.: 0,6 g Kohlenhydrate, 6,6 kcal

Zutaten für ein 50 ml Gewürzglas:
1 EL Fenchel
1 EL Anis
1/2 EL Kümmel
1 TL Koriander
2 TL Schnittlauch, getrocknet
2 TL Kerbel, getrocknet
2 TL Liebstöckel, getrocknet

Zubereitung:
Alle Zutaten vermischen und entweder im Mörser zerstoßen oder in einer Getreide- oder Kaffeemühle fein mahlen.

Die Gewürzmischung in ein Gewürzglas oder Schraubglas füllen und dunkel lagern.

Süßes Brotgewürz

Pro TL ca.: 1,6 g Kohlenhydrate, 9 kcal

Zutaten für ein 50 ml Gewürzglas:
1 EL Anis
1 EL Zimt
1 EL Orangenschale, getrocknet
1 TL Ingwer, getrocknet
1 TL Kardamom
1/2 TL Koriander
1 TL Vanilleschote, getrocknet
1 TL Gewürznelken

Zubereitung:
Alle Zutaten vermischen und entweder im Mörser zerstoßen oder in einer Getreide- oder Kaffeemühle fein mahlen.

Die Gewürzmischung in ein Gewürzglas oder Schraubglas füllen und dunkel lagern.

Pizzabrotgewürz

Pro TL ca.: 1,5 g Kohlenhydrate, 8,2 kcal

Zutaten für ein 50 ml Gewürzglas:
1 EL Petersilie, getrocknet
1 EL Tomaten, getrocknet
1 EL Basilikum, getrocknet
1 TL Rosmarin, getrocknet
2 TL Oregano, getrocknet
1/2 TL Majoran, getrocknet
1 TL Thymian, getrocknet
1 TL Pfeffer

Zubereitung:
Alle Zutaten vermischen und entweder im Mörser zerstoßen oder in einer Getreide- oder Kaffeemühle fein mahlen.

Die Gewürzmischung in ein Gewürzglas oder Schraubglas füllen und dunkel lagern.

Disclaimer

Die Inhalte dieses Buches wurden mit größter Sorgfalt erstellt. Eine Haftung für Personen-, Sach- und Vermögensschäden ist ausgeschlossen. Für die Richtigkeit, Vollständigkeit und Aktualität der Inhalte können wir jedoch keine Gewähr übernehmen. Dieses Buch enthält Links zu externen Webseiten Dritter, auf deren Inhalte wir keinen Einfluss haben. Deshalb können wir für diese fremden Inhalte auch keine Gewähr übernehmen. Für die Inhalte der verlinkten Seiten ist stets der jeweilige Anbieter oder Betreiber der Seiten verantwortlich. Die verlinkten Seiten wurden zum Zeitpunkt der Verlinkung auf mögliche Rechtsverstöße überprüft. Rechtswidrige Inhalte waren zum Zeitpunkt der Verlinkung nicht erkennbar. Eine permanente inhaltliche Kontrolle der verlinkten Seiten ist jedoch ohne konkrete Anhaltspunkte einer Rechtsverletzung nicht zumutbar. Bei Bekanntwerden von Rechtsverletzungen werden wir derartige Links umgehend entfernen.

Urheberrecht/Leistungsschutzrecht

Die veröffentlichten Inhalte, Werke und bereitgestellten Informationen unterliegen dem deutschen Urheberrecht und Leistungsschutzrecht. Jede Art der Vervielfältigung, Bearbeitung, Verbreitung, Einspeicherung und jede Art der Verwertung außerhalb der Grenzen des Urheberrechts bedarf der vorherigen schriftlichen Zustimmung des jeweiligen Rechteinhabers. Das unerlaubte Kopieren/Speichern der bereitgestellten Informationen auf diesen Seiten ist nicht gestattet und strafbar.